"Aprendamos Juntos"
Cuarto Año

Español

Matemáticas

Ciencias Naturales

Geografía

Historia

Formación Cívica y Ética

Introducción

Aprendamos Juntos es una guía escolar que constituye un excelente auxiliar didáctico para el cuarto grado de educación básica primaria.

Este libro contiene actividades sencillas y muy divertidas para repasar los temas que sus hijos están aprendiendo en la escuela, como: Español, Matemáticas, Ciencias Naturales, Geografía, Historia y Formación Cívica y Ética.

Su amplio repertorio de actividades, basado en los programas oficiales, será el complemento ideal de lo aprendido en las clases.

Con su apoyo y esta guía, sus niños pasarán un rato entretenido reforzando sus conocimientos y habilidades, jugando.

ESPAÑOL

El Cuento y el Diario

Escribe un cuento con los siguientes personajes.

 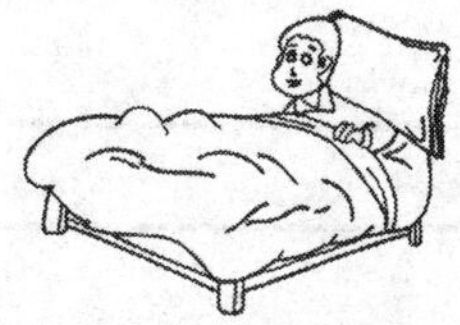 

En un diario se escribe todo lo que te sucede en el día, describe lo que hiciste el día de ayer.

fecha:______________

ESPAÑOL

Adjetivos Calificativos

Escoge el cuento que más te guste, describe con adjetivos calificativos a tres de los personajes que aparezcan en él y dibújalos.

Título del Cuento: ______________________

Personaje 1: ______________________

Personaje 2: ______________________

Personaje 3: ______________________

Describe con adjetivos calificativos las siguientes acciones.

____

____

____

____

ESPAÑOL

Sustantivos Propios y Comunes

Encuentra en la sopa de letras cinco sustantivos propios y cinco comunes.

C	A	S	C	A	D	A	E	B	O
Ñ	R	A	M	Ó	N	I	D	E	K
J	U	L	I	A	N	A	Z	R	B
W	O	M	A	H	U	E	V	N	A
Z	F	Ó	C	H	U	B	Y	A	L
N	R	N	H	X	U	M	M	R	L
R	A	D	R	I	Á	N	O	D	E
O	N	U	N	Z	Y	P	T	O	N
A	C	R	E	G	A	L	O	E	A
S	I	F	H	H	J	K	V	U	O
D	A	V	Y	M	W	X	I	A	M

Adjetivos Comunes

____
____
____
____
____

Adjetivos Propios

____
____
____
____
____

ESPAÑOL

Artículos Determinados e Indeterminados

Escribe el número sobre la línea que corresponda al artículo correcto para la oración.

(1)la (2)el (3)los (4)lo (5)un (6)una (7)unos (8)unas

Salgo para la escuela a ______ 7.
En ______ tienda de mi calle compré los gorritos.
Viajamos a Madrid ______ lunes.
Mi prima tiene ______ jeans verdes.
Practico baloncesto ______ miércoles.
______ Sr. Ramírez está enfermo.
Allí hay ______ tienda.
Me gusta ______ azul.
Ella tiene ______ blusas amarillas y verdes.
______ agua estaba fría.
Él es ______ profesor muy exigente.
______ comida estaba buena.
Había ______ doscientos caballos.
______ malo es que no hay nada de comer.
Has visto ______ rápido que escribe.
Allí hay ______ libros.
______ de María es caso perdido.

ESPAÑOL

Sinónimos y Antónimos

Subraya la palabra antónima de cada serie de palabras.

HABLAR - COMENTAR - CALLAR - COMUNICAR - EXPRESAR
OSCURO – SOMBRÍO – TENEBROSO – CLARO – LÚGUBRE
ANCHO – AMPLIO – ESTRECHO – ESPACIOSO – HOLGADO
ROGAR – PEDIR – DEMANDAR – DAR – RECLAMAR

Completa las oraciones escribiendo los antónimos de las palabras entre paréntesis.

¡Qué _______________ (buen) día para pasear en bicicleta!
Laura vive en el _______________ (primer) piso de este edificio.
Se ha _______________ (suspendido) el examen de Español.
Mi amigo quiere _______________ (vender) un coche nuevo.
Dame el _______________ (último) libro de La Trilogía Espacial.
Deberías ir un poco más _______________ (rápido).
Este vestido me queda muy _______________ (estrecho).
Tomaron el camino más _______________ (largo).

Completa las oraciones escribiendo los sinónimos de las palabras entre paréntesis.

Nosotros hemos _______________ (cortado) el rosal del jardín.
Mario conduce demasiado _______________ (rápido) y es peligroso.
Fuimos a un restaurante y _______________ (probamos) productos típicos.
El partido terminó con _______________ (éxito) para nuestro equipo.
Nos gusta _______________ (andar) por el campo.
Fuimos al teatro, pero la sala estaba _______________ (llena).
Pedí un _______________ (trozo) de ese pastel de chocolate.

ESPAÑOL

La Narración

Identifica las partes de la narración que está a continuación y escríbelas sobre las líneas.

El Viaje Espacial

El fin de semana pasado, mi padre me llevó al campo de aterrizaje. Esperábamos con impaciencia el regreso de la primera nave en viajar a Marte. Escuchamos que habían tenido problemas técnicos en el camino de regreso y se esperaba lo peor en el aterrizaje.

Mi padre y yo veíamos desde la cabina, como descendía la nave a gran velocidad. En la comunicación con el capitán de la nave, éste informaba que seguían con algunos problemas. Después de unos minutos, la nave tocaba el suelo. En ese instante se abrieron unos enormes paracaídas de retención. El aparato se detuvo en medio de la pista y acudieron junto a ella bomberos y ambulancias.
El público que observaba fuera de la pista aplaudió a los tres pilotos, que salieron del aparato y saludaron con un signo de victoria.

El Narrador ________________________________

Personajes ________________________________

Planteamiento______________________________

Nudo ____________________________________

Desenlace________________________________

Tiempo verbal______________________________

ESPAÑOL

Familia de Palabras

Completa las siguientes oraciones con palabras de la familia de vestido, pan y color.

- VESTIDOR - PANADERO - VISTEN
- COLOREADO - PANADERÍA - COLORIDO

Hemos ____________ de rosa las paredes del dibujo de la ____________ .

Te has puesto el traje en el ____________ .

El ____________ de mi barrio es muy agradable.

Me gusta como ____________ las niñas del colegio.

Este cuadro tiene mucho ____________ .

Escribe sobre las líneas tres palabras de la familia de las enlistadas a continuación:

pescado: ____________________________

jugar: ____________________________

silla: ____________________________

pelo: ____________________________

ciudad: ____________________________

calor: ____________________________

zapato: ____________________________

cajón: ____________________________

Signos de Puntuación

Escribe en el siguiente texto los signos de puntuación que le hastın falta.

Oyó una vez un león el croar de una rana y se volvió hacia donde venía el sonido___ pensando que era de algún animal muy importante___
Esperó y observó con atención un tiempo y cuando vio a la rana que salía del pantano___ se le acercó y la aplastó diciendo___
--___ Tú___ tan pequeña y lanzando esos tremendos gritos___

Quien mucho habla, poco es lo que dice___

Se encontró un lobo con un corpulento perro sujeto por un collar y le preguntó___
-- ___Quién te ha encadenado y quién te ha alimentado de esa forma___
-- Mi amo___ el cazador --respondió el perro___
-- ___Que los dioses nos libren a los lobos de semejante destino___ Prefiero morir de hambre a tener que cargar tan pesado collar___
Vale más el duro trabajo en libertad___ que el placer en esclavitud___

ESPAÑOL

El Relato

Inventa un relato corto que contenga los siguientes datos que están a continuación:

Título:

Presentación:

Nudo:

Desenlace:

Personajes:

Hechos principales:

Hechos secundarios:

El Poema y Adivinanzas

Subraya las palabras que riman en el siguiente poema y escribe otro sobre las líneas, subrayando también las palabras que rimen.

Un señor de Puerto Rico ____________________
colgó en su balcón un loro ____________________
de rica pluma y buen pico, ____________________
un loro que era un tesoro ____________________
y a su amo costó un pico. ____________________

Un vecino suyo, moro ____________________
de Tetuán recibió un mico. ____________________
Y a este mico, lo ató el moro ____________________
en su balcón ante el loro, ____________________
que así quedó frente al mico. ____________________

Une las adivinanzas con su respuesta correcta.

Llevo, sin ser arlequín,
de colores mi librea,
yo salgo de tarde en tarde
y espero siempre a que llueva.

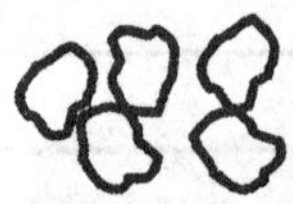

El Granizo

Lleva años en el mar
y aún no sabe nadar.

El Arcoíris

Confites, confites blancos
que rebotan en el suelo,
si no los recoges pronto
tendrás agua entre los dedos.

La Arena

ESPAÑOL

Ficha Bibliográfica

Elabora una ficha bibliográfica con la información que se presenta a continuación.

Los Peligros de los Fumadores

Fumar es una mala idea para cualquier persona, pero sobre todo para los niños que tienen asma. Fumar provoca tos, silbidos en el pecho y dificulta la respiración, los mismos problemas que se tiene durante una crisis asmática. De modo que, si se añade humo a unos pulmones que ya están irritados, la dificultad para respirar será mayor.

Si una persona con asma fuma, probablemente tendrá: más crisis asmáticas, incrementará el riesgo de contraer cáncer y por lo tanto, de morir. Deberá aumentar las dosis de medicinas, ya que los medicamentos habituales no harán el efecto deseado. Una persona con altos índices de ataques asmáticos, se pierde de muchas cosas agradables, que una persona sana puede disfrutar día a día.

Libro: Atlas Del Cuerpo Humano, de Peter Abrahams, Editorial Libsa, 1ª Edición, año: 2008, 256 páginas, España.

ESPAÑOL

El Guión

Escribe el guión donde haga falta en los siguientes textos. Recuerda que los guiones se utilizan para unir palabras, relacionar dos fechas, intercalar una aclaración o comentario dentro de una oración o para introducir diálogos en el texto separándolos de lo que dice el narrador.

Se trataron temas socio políticos en el Congreso.

Hubo un acuerdo franco español entre las empresas.

El tema de la Guerra Civil (1936 1939), viene en el examen.

La isla de Tenerife según creo es maravillosa.

¿Cómo te llamas?
Diego contestó el valiente.
¿De dónde eres?
De Toledo.

Rubén Darío (1876 1916), es mi autor favorito.

ESPAÑOL

Sílabas Tónicas y Átonas

En el siguiente poema, subraya de verde las sílabas átonas y de rojo las tónicas.

Fin de Invierno

Cantan, cantan.

¿Dónde cantan los pájaros que cantan?

Llueve y llueve. Aún las ramas

están sin hojas nuevas. Cantan, cantan

los pájaros. ¿En dónde cantan

los pájaros que cantan?

No tengo pájaros en jaula.

No hay niños que los vendan. Cantan.

El valle está muy lejos. Nada...

Nada. Yo no sé dónde cantan

los pájaros (y cantan, cantan)

los pájaros que cantan.

Juan Ramón Jiménez

Los Adverbios

Une los siguientes adverbios a su tipología.

De lugar (1)	tal vez ( )	nada ( )	bastante ( )
De tiempo (2)	fácilmente ( )	fuera ( )	muy ( )
De modo (3)	encima ( )	tan ( )	quizás ( )
De cantidad (4)	ayer ( )	atrás ( )	nada ( )
De negación (5)	rápidamente ( )	luego ( )	sí ( )
De afirmación (6)	jamás ( )	no ( )	ahora ( )
De duda (7)	lejos ( )	también ( )	lentamente ( )

Identifica y subraya los adverbios de las siguientes oraciones.

La bola se ha desplazado hasta allí.
Adrián se marchó lejos de España.
Nunca estudiaré en la universidad.
Primero acabamos el trabajo, luego salimos a cenar.
Mariana se encuentra bastante bien.
Me gustaría que fueras más atento.
No quiero tanto chocolate.
No entiendo nada de Biología.
Sin duda, está más delgado.

La Fábula

Inventa y escribe dos fábulas con los siguientes personajes y que se basen en las moralejas que vienen a continuación.

Título: ______________________

____

____

____

____

____

____

____

Moraleja: Nunca des la espalda o traiciones a quien verdaderamente te brinda ayuda y confía en ti.

Título: ______________________

____

____

____

____

____

____

____

Moraleja: Si deseas que los más alejados te escuchen, debes llamarlos con mayor intensidad.

GEOGRAFÍA

Mapas y Croquis

Resuelve el siguiente problema.

¿Por cuáles estados debe pasar Juan para ir de San Luis a Coahuila, recorriendo tres estados?
Marca el camino de color rojo por las líneas punteadas.

R=________________________

Dibuja un croquis de tu casa, escribiendo el nombre de las calles que la rodean.

MATEMÁTICAS

Medidas de Masa

De acuerdo con la siguiente tabla de precios y pesos, resuelve los siguientes problemas.

Fruta	Peso	Precio
Manzana	1 kg.	$20.00
Papaya	1 kg.	$15.00
Plátano	1 kg.	$12.00
Guayaba	1 kg.	$10.00
Naranja	1 kg.	$14.00

La señora Irma desea comprar $40.00 pesos de manzana y $18.00 pesos de plátano. ¿Cuántos kilos de cada fruta comprará?

R= ______________________________

A Mario le dieron $70.00 pesos para comprar naranjas y además se llevó $5.00 pesos de guayabas para compartir con sus amigos. ¿Cuántos kilos de naranjas y guayabas compró?

R= ______________________________

Karina compró $45.00 pesos de papaya, $30.00 pesos de manzana, $24.00 pesos de plátano y $7.00 pesos de naranja para un coctel. ¿Cuántos kilos de cada fruta compró?

R= ______________________________

El dueño de la frutería vendió $60.00 pesos de papayas, $45.00 pesos de guayabas y $56.00 pesos de naranjas. ¿Cuántos kilos vendió de cada fruta?

R= ______________________________

MATEMÁTICAS

Escritura de Números

Escribe con letra las siguientes cifras.

4567 ______________________________

7832 ______________________________

3819 ______________________________

1050 ______________________________

8435 ______________________________

4390 ______________________________

Escribe con número las cifras que se leen a continuación.

Nueve mil quinientos uno ______________

Dos mil trescientos veinticinco ______________

Mil cuatrocientos ochenta y dos ______________

Seis mil seiscientos quince ______________

Cinco mil ochocientos treinta y tres ______________

Siete mil cuarenta y cuatro ______________

MATEMÁTICAS

Medidas de Longitud

Completa lo que se te pide y escríbelo sobre la línea.

68 dm._______mm.   0.78 cm. ________dam.   .008 cm. ________hm.

404 hm. ________km.   .9 m. ________dm.   61 mm.________dam.

45 km. ________cm.   300 dm. ________hm.   1009 km._______m.

km	hm	dam	m	dm	cm	mm

Resuelve las siguientes fracciones.

$\frac{1}{2}$ m.= __________ km. $\frac{1}{2}$ cm.= ____________ m.

$\frac{1}{4}$ km.= _________ m. $\frac{2}{4}$ m.= _____________ mm.

$\frac{2}{4}$ m.= __________ hm. $\frac{3}{4}$ mm.= ____________ m.

$\frac{1}{2}$ km.= _________ m. $\frac{1}{2}$ cm.= ____________ dm.

MATEMÁTICAS

Problemas de Razonamiento

Relaciona cada frase con su operación.

En una granja existen:

3 gallos - 6 gallinas - 4 guajolotes - 5 cochinitos - 2 caballos

3 gallos + 6 gallinas + 4 guajolotes

4 guajolotes x 4 cochinitos

5 + 2

5 cochinitos x 4 patas de cochinitos

6 gallinas y 3 gallos

Número de animales que no son aves.

El número total de patas de cochinitos.

Diferencia entre el número de gallinas y de gallos.

Número de aves que hay en la granja.

No tiene sentido.

MATEMÁTICAS

Fracciones

Fracciona e ilumina las partes de los enteros que te indica cada fracción.

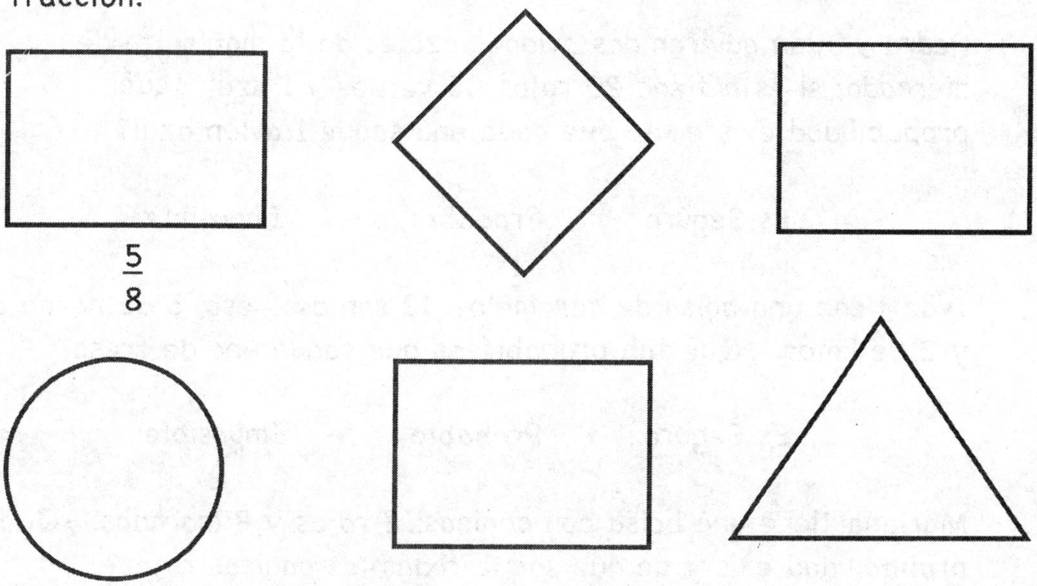

$\frac{5}{8}$

Resuelve las siguientes operaciones e ilustra los resultados.

$\frac{2}{3} + \frac{7}{3} + \frac{6}{3} =$

$\frac{8}{5} - \frac{6}{5} - \frac{1}{5} =$

$\frac{3}{4} + \frac{9}{4} + \frac{6}{4} =$

$\frac{7}{8} - \frac{2}{8} - \frac{3}{8} =$

MATEMÁTICAS

Probabilidad

Marca con una X la respuesta correcta.

Pedro y Juan quieren dos aviones azules de la maquinita del mercado; si ésta tiene 20 rojos, 15 verdes y 1 azul, ¿qué probabilidad existe de que cada uno saque 1 avión azul?

Es Seguro Probable Imposible

Iván tiene una bolsa de caramelos: 12 son de fresa, 5 de naranja y 2 de limón. ¿Qué tan probable es que saque uno de fresa?

Es Seguro Probable Imposible

Mariana tiene una bolsa con canicas: 8 rojas y 8 moradas. ¿Qué probabilidad existe de que saque todas las canicas rojas?

Es Seguro Probable Imposible

Consigue un par de dados, lánzalos 5 veces, anota los resultados y contesta lo que se te pide.

Lanzamiento	1	2	3	4	5
Dado 1					
Dado 2					

¿Qué número apareció más veces? ____________________

¿Cuál número salió menos? ____________________

¿Si lanzaras de nuevo los dados, qué número crees que aparecerá y por qué? ____________________

____

Números

Escribe con letra sobre las líneas los números que están a continuación.

MDCXXV ____________________

XXXI ____________________

MCMXCIV ____________________

CCLXXVI ____________________

XCVIII ____________________

Escribe de cuántos millares, centenas, decenas y unidades están formadas las siguientes cifras.

2734 ____________________

____

12783 ____________________

____

36409 ____________________

____

5243 ____________________

____

390 ____________________

____

1023 ____________________

____

Volumen

Encuentra el volumen de los siguientes cuerpos.

Fórmulas:

Cubo: $v= a^3$ Prisma rectangular: $v=a \times b \times h$

Cilindro: $v= \Pi \times r^2 \times h$ Esfera: $v= \Pi \times r^3 \times h$

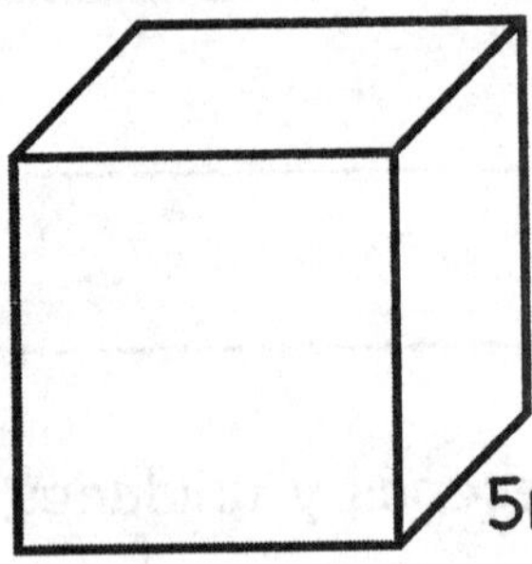

V= ___________m.

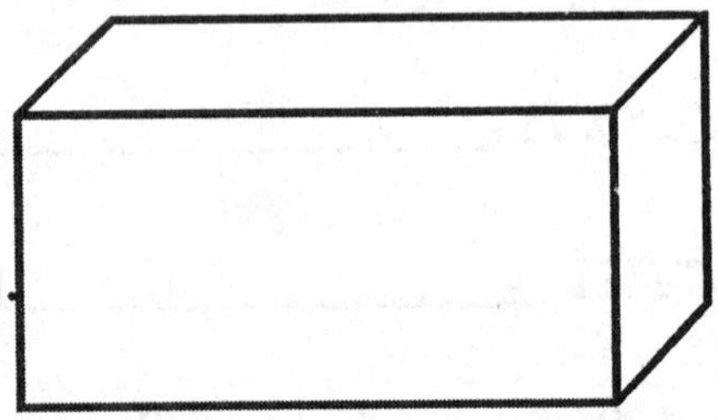

V= ___________m.

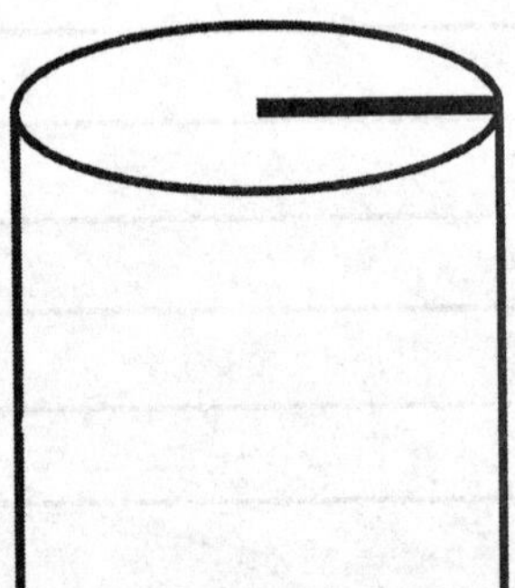

V= ___________m.

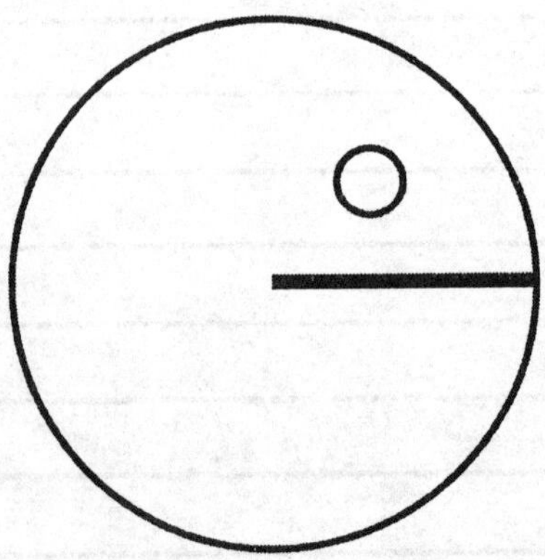

V= ___________m.

Problemas

Resuelve los siguientes problemas.

Mario va a realizar una gran fiesta y sus amigos le van a ayudar a inflar los globos. Si son 5 amigos y 110 globos, ¿cuántos globos van a inflar cada uno?

R= ______________

Carlos tiene 184 canicas y quiere repartirlas entre sus 4 amigos. ¿Cuántas canicas le tocan a cada uno?

R= ______________

Jimena está organizando una gran excursión y quiere saber cuántas camionetas necesita para llevar a sus amigos. Si en cada camioneta caben 7 personas y son 20 jóvenes, ¿cuántas camionetas necesita?

R= ______________

Jesica y Rodrigo van a repartir dulces entre 59 niños de un albergue; si tienen 173 caramelos, ¿cuántos dulces le tocan a cada niño?

R= ______________

MATEMÁTICAS

Rectas y Ángulos

Escribe, dibuja o subraya lo que se te pide.

Dibuja dos rectas paralelas.

El trozo de recta que se encuentra situado entre dos puntos se llama: ________________ (segmento/semirrecta)

Dibuja dos rectas secantes.

Un punto divide una recta en dos: ________________ (segmentos/semirrectas)

Dibuja dos rectas perpendiculares.

Los dos puntos que se forman en un segmento se llaman ________________ (extremos/finales) del segmento.

¿Qué tipo de ángulo tiene menos de 90°? recto obtuso agudo

¿Qué tipo de ángulo tiene 90°? recto obtuso agudo

¿Qué tipo de ángulo tiene más de 90°? recto obtuso agudo

MATEMÁTICAS

El Área

Encuentra el área de las siguientes figuras en el rectángulo y escríbelas sobre las líneas.

Fórmulas:

cubo $a = 6 \times a^2$ esfera $a = 4 \times \pi \times r^2$ $a = \frac{(B + b) \times h}{2}$

Polígono regular: $a = \frac{\text{perímetro} \times \text{apotema}}{2}$

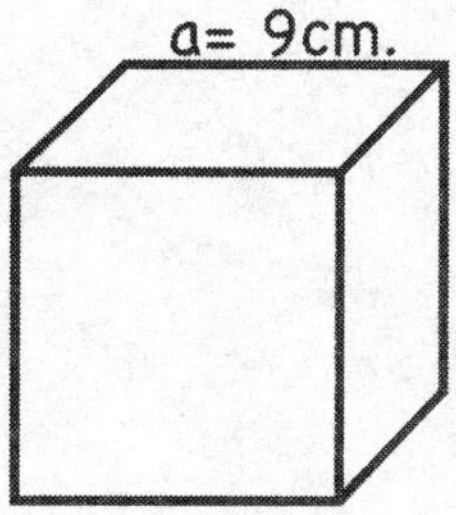

a= ____________

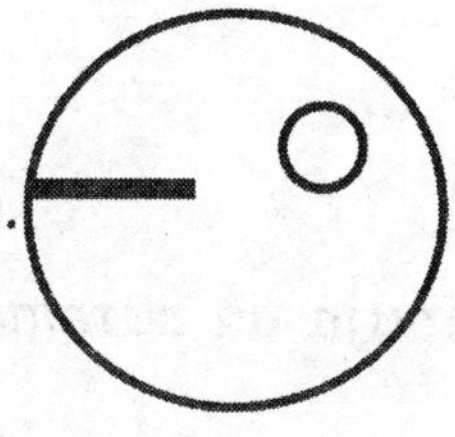

a= ____________

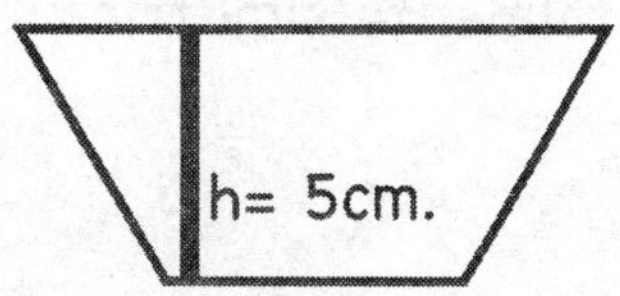

a= ____________

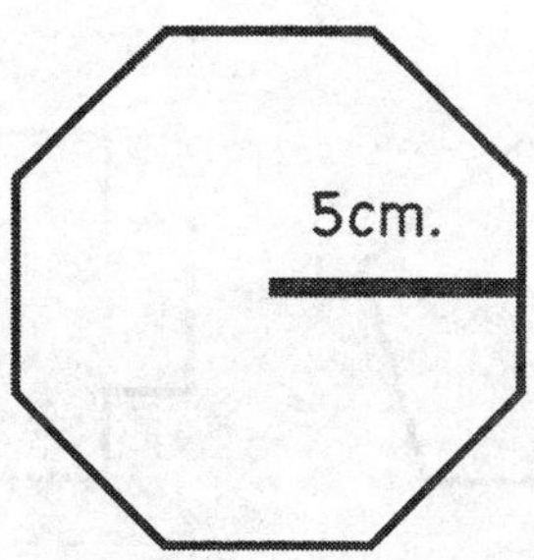

a= ____________

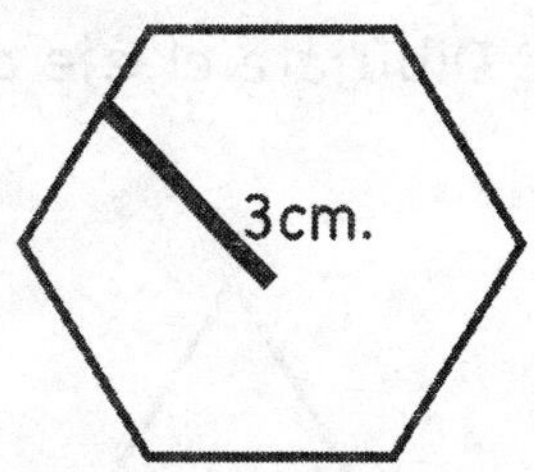

a= ____________

MATEMÁTICAS

Figuras Simétricas

Dibuja lo que se te pide.

Dibuja una figura simétrica de 6 lados.

Dibuja una casa simétrica.

Dibuja un automóvil simétrico.

Dibuja una cara con figuras geométricas, de modo que en su conjunto sea totalmente simétrica.

Dibújale el eje de simetría a las siguientes figuras.

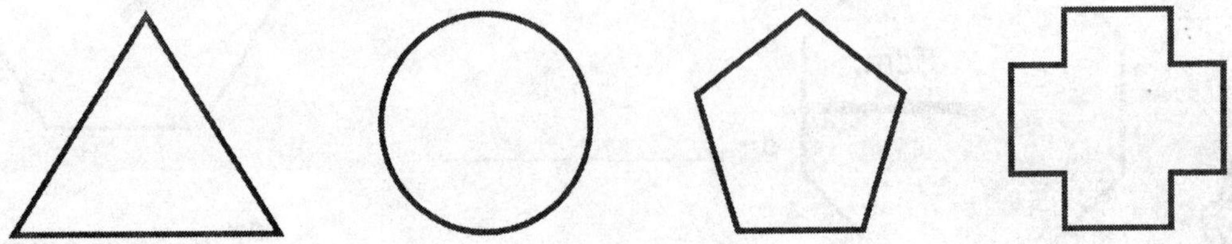

Operaciones

Resuelve las siguientes operaciones.

$30\overline{)300}$	$5\overline{)405}$	$7\overline{)312}$	$15\overline{)65}$
$22\overline{)888}$	$62\overline{)502}$	$18\overline{)380}$	$9\overline{)190}$
$6\overline{)53}$	$72\overline{)843}$	$10\overline{)403}$	$8\overline{)501}$
$28\overline{)389}$	$53\overline{)789}$	$51\overline{)612}$	$2\overline{)408}$

Perímetro

Resuelve las siguientes operaciones.

¿Cuánto mide el perímetro del siguiente triángulo?

P= ______________ cm.

2cm. 2cm.

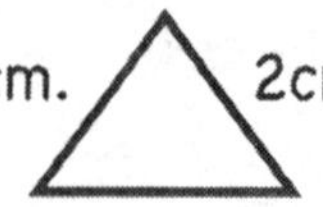

2cm.

¿Cuánto mide el perímetro de una cadena de triángulos de la misma medida que el anterior, con 15 triángulos?

2cm.

P= ______________ cm.

¿Cuál es el perímetro de una cadena de 8 rectángulos, donde cada cada rectángulo mide 2 cm. de largo y 1 cm. de ancho?

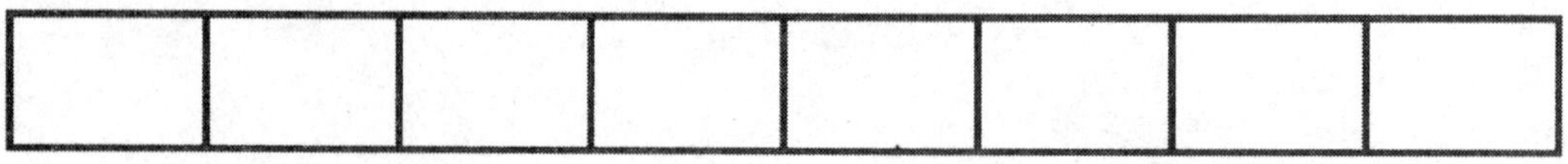

P= ______________ cm.

¿Cuál es el perímetro de una cadena de 10 hexágonos, donde cada lado del hexágono mide 6 cm.?

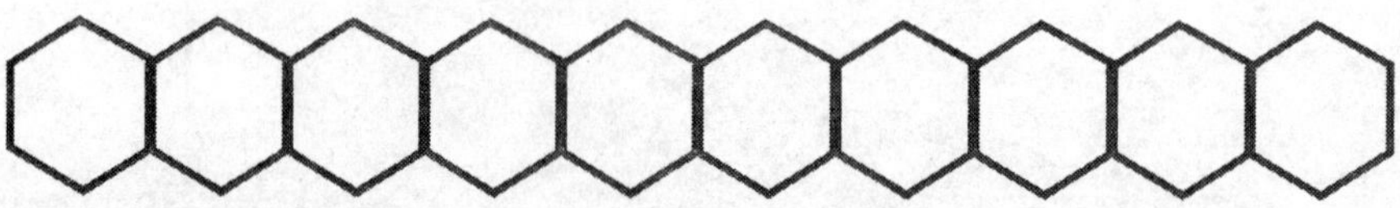

P= ______________ cm.

Series

Resuelve las siguientes series numéricas en el menor tiempo posible.

9	11	13	15	
13	14	15	16	
10	50	250	1250	
37	36	35	34	
36	32	28	24	
14	17	20	23	
37	42	47	52	
33	34	35	36	
35	33	31	29	
21	17	13	9	
5	10	20	40	
32	27	22	17	
25	22	19	16	
17	16	15	14	
26	21	16	11	
4	6	8	10	
15	11	7	3	
23	25	27	29	

Problemas

Marca con una cruz, la respuesta correcta.

Si se reparten 20 cerezas entre cuatro niños, ¿cuántas cerezas le corresponden a cada niño?

a) 24 cerezas
b) 5 cerezas
c) 16 cerezas

Una caja tiene 4 lápices. ¿Cuántos lápices habrá en 3 cajas?

a) 7 lápices
b) 1 lápiz
c) 12 lápices

Si Pedro reparte 70 estampas entre sus 10 amigos, ¿cuántas estampas tiene que dar a cada uno?

a) 80 estampas
b) 7 estampas
c) 60 estampas

Si en una caja hay 9 plumones de colores, ¿cuántos plumones habrá en 7 cajas?

a) 16 plumones
b) 2 plumones
c) 63 plumones

En el pueblo había 12 conejos metidos en 6 jaulas. Si en la última jaula metemos 5 conejos más. ¿Cuántos conejos habrá en ésta?

a) 23 conejos
b) 7 conejos
c) 18 conejos

Los Cinco Sentidos

✎ Escribe en el crucigrama los nombres de los sentidos que se describen a continuación.

1. Está encargado de detectar la luz y de enviarla al cerebro, donde es interpretada y podemos reconocer todo lo que nos rodea.

2. Gracias a este sentido, recogemos los olores que luego van al cerebro, para ser interpretados.

3. Gracias a este sentido, guardamos el equilibrio y escuchamos los sonidos de nuestro alrededor.

4. Este sentido nos permite reconocer los sabores por medio de las papilas gustativas, que se encuentran en la base de la lengua.

5. Este sentido lo tenemos a lo largo de nuestro cuerpo y nos sirve para percibir el aspecto de las cosas que tocamos.

Escribe sobre las líneas las materias con que se elaboran los siguientes productos.

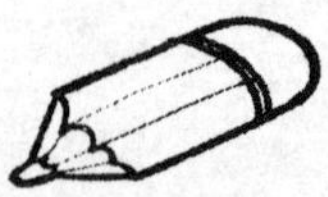

Completa el cuadro escribiendo ejemplos sobre algunos tipos de plantas y animales que habitan los siguientes ecosistemas.

ECOSISTEMAS	PLANTAS	ANIMALES
Bosque		
Selva		
Marino		

Los Invertebrados

Encuentra en la sopa de letras los nombres de los invertebrados que describen las oraciones.

Q	P	Y	A	M	D	F	Ñ	L	K	J	G	A
A	D	U	G	E	O	J	X	Q	O	P	A	R
N	E	M	A	T	E	L	M	I	N	T	O	T
É	I	Q	W	P	C	Q	U	L	R	E	L	R
L	N	F	Ñ	L	B	S	X	S	A	I	C	Ó
I	F	H	A	E	M	V	Q	P	C	T	I	P
D	J	U	T	N	W	B	R	H	Q	O	D	O
O	E	Q	U	I	N	O	D	E	R	M	O	D
S	Y	A	I	L	U	T	Y	Ñ	Z	Z	C	O
U	P	L	A	T	E	L	M	I	N	T	O	S

-Invertebrados con cuerpo de gusano: blando, alargado, de sección circular y su cuerpo está dividido en segmentos o anillos: ______________________

-Son gusanos con el cuerpo liso, como la lombriz intestinal: ____________________

-Invertebrados de cuerpo blando y su cuerpo a veces está protegido por una concha dura: ______________

-Son animales marinos con simetría radial, como las estrellas de mar: ______________

-El grupo de los artrópodos es el más numeroso y lo conforman los insectos, arácnidos y crustáceos: ________ ________________

-Son gusanos planos en forma de cinta: ______________

CIENCIAS NATURALES

La Célula

Completa las oraciones con las palabras del recuadro y colócalas también, en el esquema de la célula.

La ____________ celular forma la envoltura externa de la célula.

El ________ dirige todas las actividades de la célula, es la parte más importante.

Los _______________ se encargan de realizar las funciones de la célula como: fabricar diversas sustancias, movimientos y nutrición.

El ______________ es un líquido viscoso que contiene a los organelos y el núcleo.

La ________ celular es la envoltura rígida que rodea a la membrana celular.

organelos pared membrana citoplasma núcleo

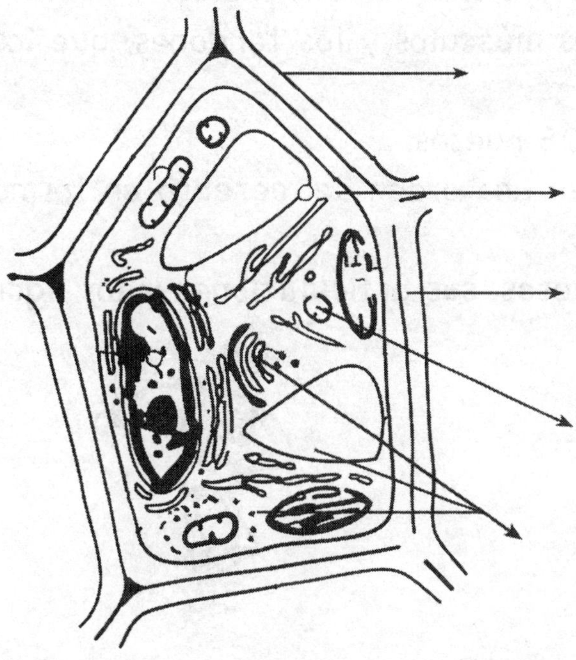

CIENCIAS NATURALES

El Sistema Locomotor

Completa la información escribiendo el número de la frase correcta en los paréntesis.

El sistema locomotor está formado por ( )
El sistema muscular está formado ( )
El cuerpo humano está formado ( )
Los cartílagos son menos consistentes que los huesos aunque suelen ir unidos a éstos ( )
Las articulaciones son las conexiones ( )
Los músculos se mueven cuando ( )

1. como la parte externa de la nariz o el apéndice xifoides, en el esternón.
2. entre los distintos huesos; permiten los movimientos normales y evitan los anormales.
3. por los músculos y los tendones, que los unen a los huesos.
4. por 206 huesos.
5. reciben una orden del cerebro en forma de impulso eléctrico.
6. los huesos, sus articulaciones y los ligamentos.

CIENCIAS NATURALES

Los Huesos

Investiga y escribe los nombres de los huesos señalados.

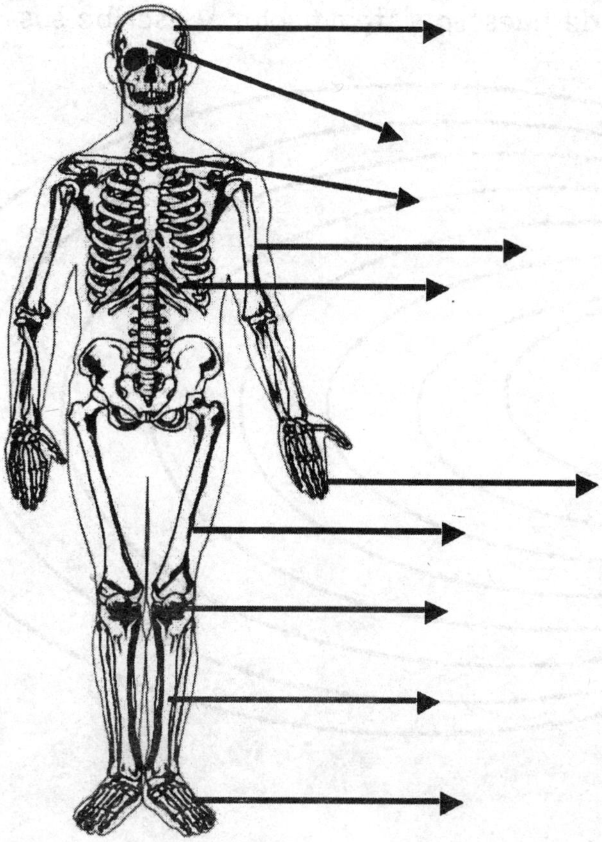

Escribe los huesos anteriores dentro de su ubicación correcta.

Ubicación	Huesos
Cabeza	
Tronco	
Extremidades	

GEOGRAFÍA

Los Planetas

Dibuja los planetas de nuestro sistema solar y escribe sus nombres.

Contesta las siguientes preguntas.

¿Cuáles son los astros que giran alrededor de los planetas?

____

¿Cómo se les llama a los astros que producen luz propia?

____

¿Cuántos satélites naturales tiene el planeta Tierra?

____

¿Cuánto dura el movimiento de traslación de la Tierra?

____

GEOGRAFÍA

Los Movimientos de la Tierra

Une los siguientes párrafos a los conceptos de los movimientos terrestres que se describen.

Gracias a este movimiento se producen los solsticios y equinoccios.

La Tierra gira en su propio eje completando una vuelta en casi un día.

Generan las diferencias en el paisaje geográfico.

Traslación

Es responsable del día y la noche.
El achatamiento de los polos, la desviación de los vientos y las corrientes marinas.

La duración desigual de los días y las noches son causa de esto.

Rotación

Nos permite denominar los puntos cardinales.

El movimiento es de oeste a este.

El movimiento en su órbita alrededor del sol, que demora 365 días.

Da como resultado la sucesión de las distintas estaciones del año.

La Luna y los Eclipses

Investiga y completa las siguientes oraciones con la información correcta.

_______________ es el único satélite natural de la Tierra. Es el único cuerpo del Sistema Solar que podemos ver a simple vista.

La Luna gira alrededor de la Tierra, sobre ___________ y siempre nos muestra ______________ cara.

La superficie de la Luna no se deteriora, de no ser por el impacto de algún meteorito, porque no tiene ________________ ni agua.

Por su movimiento, la luz del Sol le llega desde distintas posiciones, que dan lugar a las___________________.

Cuando se ilumina toda la cara de la Luna se llama _______________.

Se llama Luna nueva cuando su cara ___________________________.

Cuando sólo se ve un trozo de la Luna, se llama cuarto _______________ o cuarto ________________.

Cuando la Luna pasa por detrás y se sitúa a la sombra de la Tierra, se produce un Eclipse ________________.

Cuando la Luna pasa entre la Tierra y el Sol, lo tapa y se produce un Eclipse ________________.

Si un astro llega a ocultar totalmente al otro, se produce un eclipse ______________, si no, es parcial.

Cuando la Luna se pone delante del Sol, y únicamente oculta el centro, el eclipse tiene forma _________________.

GEOGRAFÍA

Paralelos y Meridianos

Ilumina del color que indican los paréntesis, los paralelos y meridianos en el globo terráqueo.

Ecuador o Paralelo Cero (rojo)
Paralelo 90° Sur (morado)
Paralelo 90° Norte (amarillo)
Hemisferio Sur (azul)
Hemisferio Norte (naranja)
Meridiano de Greenwich (café)
Paralelos (verde)

Ubica e ilumina los recuadros del color que se te pide.

Hemisferio Sur, longitud Este.

Hemisferio Sur, longitud Oeste.

Hemisferio Norte, longitud Este.

Hemisferio Norte, longitud Oeste.

Hemisferio en el que está la ciudad de Sidney (Verde).

Hemisferio en el que está Ciudad de México (Azul).

Hemisferio en el que está la ciudad de Buenos Aires (Naranja).

Hemisferio en el que está la ciudad de Moscú (Amarillo).

GEOGRAFÍA

Población Rural y Urbana

Llena la siguiente tabla escribiendo lo que se te pide sobre las poblaciones rurales y urbanas.

Población	Rural	Urbana
Tipo de Vegetación		
Clase de Fauna		
Clase de Servicios		
Lugares Recreativos		
Industrias		
Actividades económicas		
Nivel de Contaminación		

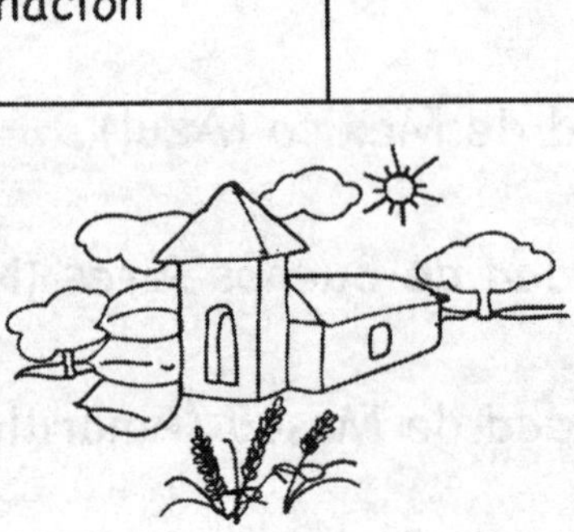

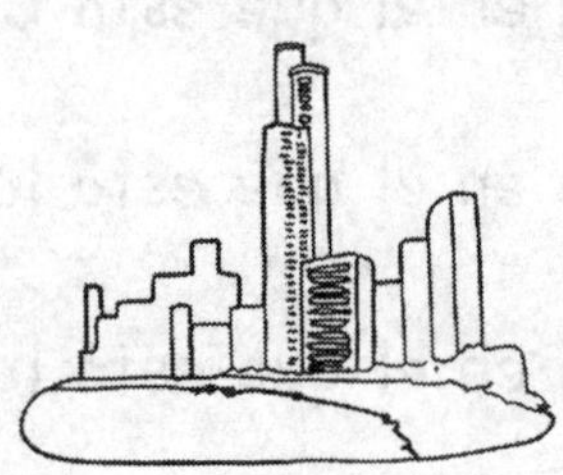

GEOGRAFÍA

Ríos de México

Ubica los siguientes ríos dentro del mapa, escribiendo su número donde corresponda.

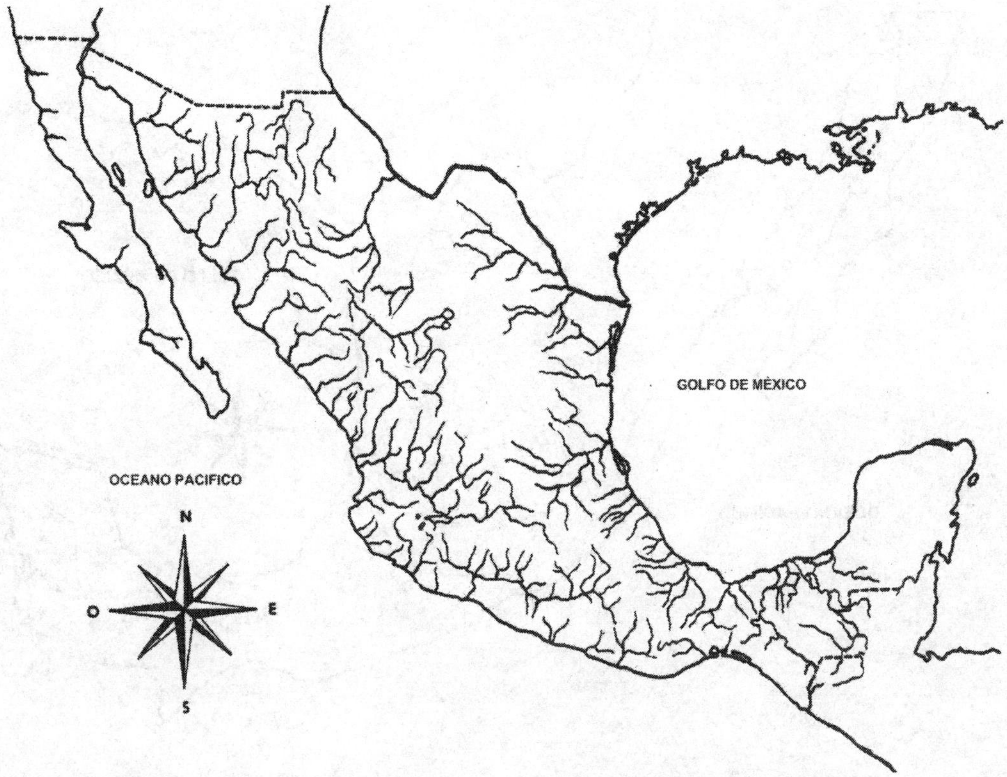

1. Río Grijalva
2. Río Conchos
3. Río Colorado
4. Río Coatzacoalcos
5. Río Bravo
6. Río Hondo
7. Río Balsas
8. Río Papaloapan
9. Río Lerma
10. Río Usumacinta
11. Río Pánuco
12. Río Tecolutla

GEOGRAFÍA

División Política de México

Encuentra los estados de la República Mexicana, ilumínalos de diferentes colores y escribe sobre las líneas sus capitales.

Veracruz ________________

Morelos ________________

Tabasco ________________

Aguascalientes ________________

Oaxaca ________________

Chiapas ________________

Baja California ________________

Hidalgo ________________

Michoacán ________________

Durango ________________

Querétaro ________________

Yucatán ________________

Chihuahua ________________

Jalisco ________________

Puebla ________________

Nayarit ________________

HISTORIA

La Prehistoria

Investiga y completa las oraciones escribiendo la información correspondiente.

La prehistoria es la etapa que va desde el origen del ser humano, hace unos ___________ de años, hasta la invención de la ___________, en Mesopotamia.
La prehistoria se divide en tres etapas: ______________, ______________ y ______________.
El ______________ es la etapa más larga y los seres humanos utilizaban herramientas de piedra, se dedicaban a la ___________ y la ___________.
En el ______________ los grupos comenzaron a dedicarse a la ______________, la ______________ y a vivir en poblados.
La Edad de ______________ es la última etapa en la que los seres humanos empezaron a utilizar objetos fabricados con ___________.

Ilumina de verde los recuadros que correspondan al paleolítico y de naranja los que correspondan al neolítico.

Inventaron la cerámica, el arado y otros instrumentos de cultivo.	Hacían pinturas en las cuevas.	Eran sedentarios.	Fabricaban herramientas de piedra, hueso y madera.
Usaban metales para fabricar armas y herramientas.	Vivían en pequeños grupos.	Habitaban en cuevas o chozas sencillas.	Controlaban el fuego.
Finalizó en el 5000 a.C.	Descubrieron la agricultura y la ganadería.	Finalizó en el 900 a.C.	Eran nómadas.

HISTORIA

Los Primeros Pobladores

Investiga y completa el crucigrama con la información que le falta a las siguientes oraciones.

Los primeros pobladores comenzaron a (1) ______________ las tierras y (2) ________________ los animales.
Se empezaron a organizar en pequeñas (3) _______________.
Antes de ser sedentarios, los hombres utilizaban herramientas hechas de (4) ____________ y (5) ____________.
En sus cuevas dejaron pinturas (6) ___________________.
Hace medio millón de años inventaron la forma de hacer el (7) ____________.
Los poblados se situaban junto a los (8) ___________.

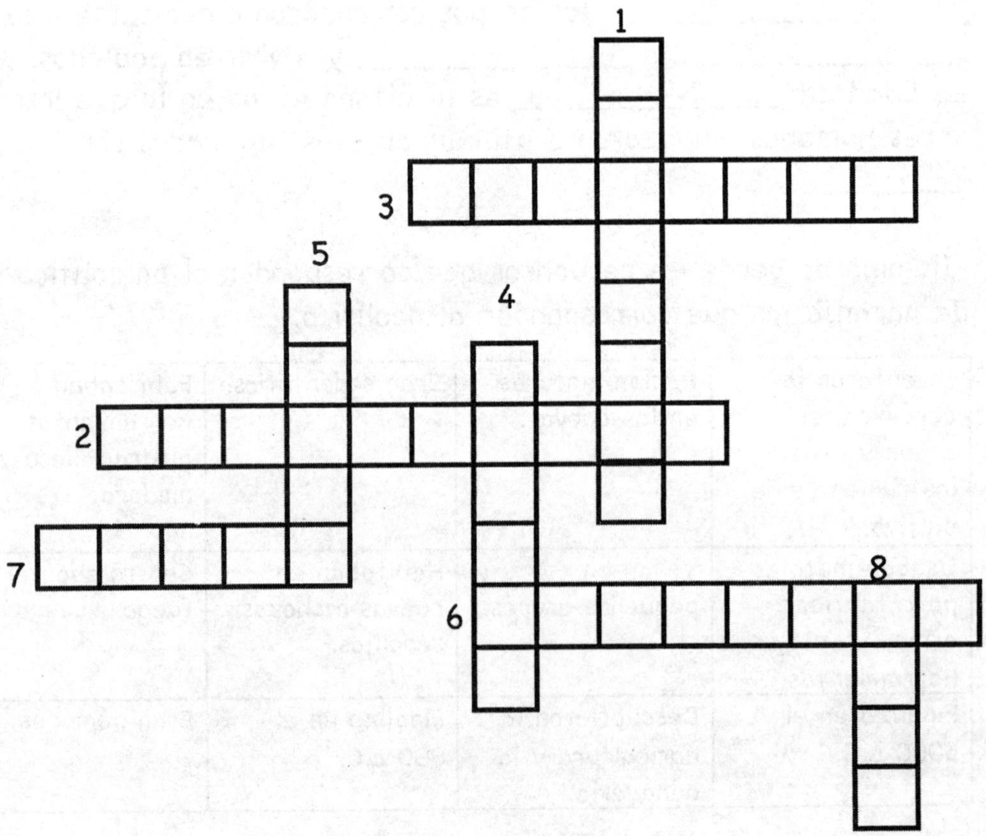

HISTORIA

Mesoamérica y Aridoamérica

Escribe una M a las oraciones que describan a Mesoamérica y una A a las que describan a Aridomérica.

Desarrollaron conocimientos avanzados en astronomía. ____
Su organización social se basaba en tribus. ____
Construyeron centros ceremoniales. ____
Vivían en cuevas. ____
Trabajaron ocasionalmente zonas de cultivo muy primitivo. ____
Construyeron pirámides escalonadas. ____
Asaltaban a otros pueblos por necesidad. ____
La familia fue el núcleo de la sociedad. ____
La invención de una escritura jeroglífica. ____
Su religión incluía hechicería, fetiches y culto a los muertos. ____
La agricultura como base de la economía. ____
La vestimenta consistía en pieles de animales. ____
Utilizaban el calendario solar. ____
Su organización militar se basaba en bandas aguerridas. ____
La utilización de un sistema numérico más desarrollado. ____

Identifica las cinco principales regiones arqueológicas, iluminándolas del color que se te indica.

Rojo: Costa del Golfo
Azul: Altiplano central
Verde: Occidente
Violeta: Región maya
Amarillo: Oaxaca
Café: Aridoamérica

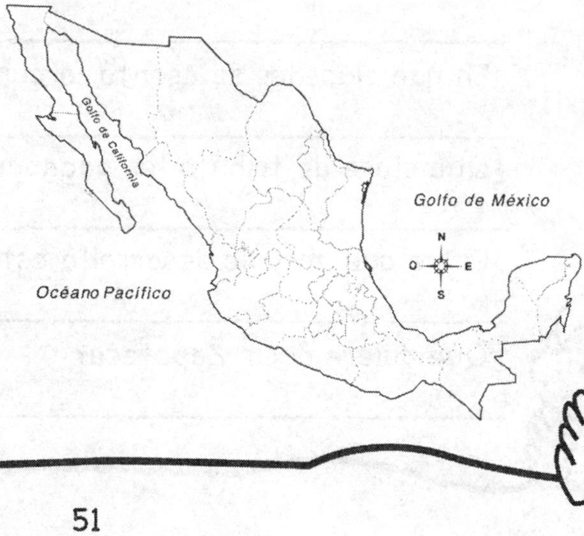

HISTORIA

Olmecas y Zapotecas

Subraya la respuesta correcta.

Fue la primera cultura en formarse dentro de Mesoamérica.

Mexica   Tolteca   Olmeca

También se le conoce como:

"Cultura Madre"   "Cultura de Piedra"   "La Gran Cultura"

El término "Olmeca" significa:

"Habitantes del país del hule"   "Gente de las nubes"   "Gente que vino de Aztlán"

Los Olmecas habitaron los estados de:

Oaxaca y Puebla   Veracruz y Tabasco   Sonora y Durango

Sus principales centros ceremoniales fueron:

Tenochtitlán, y Montealbán   Tula y Cholula   San Lorenzo, La Venta y Tres Zapotes

Contesta las siguientes preguntas sobre los Zapotecas.

¿Cuáles eran los principales centros ceremoniales de los Zapotecas?

___

¿En qué ciudades se asentó la cultura Zapoteca?

___

¿Qué clase de tributo les pagaban las aldeas?

___

¿Entre qué años se desarrolló esta cultura?

___

¿Qué quiere decir Zapoteca?

___

HISTORIA

Toltecas y Mexicas

Investiga y completa las oraciones sobre los Toltecas.

Los Toltecas le rendían culto principalmente a los dioses______ ______________________________.

El periodo en el que la cultura Tolteca floreció fue __________ a ____________.

En el actual estado de __________, se estableció la gran ciudad de Tollan, que quiere decir "____________________".

Allí levantaron edificios adornados con columnas en forma de guerreros llamados "__________".

Los toltecas extendieron su influencia mediante la ___________ y el comercio.

Los pueblos sometidos les daban ______________ a cambio de protección militar. Por medio de la guerra obtuvieron grandes ______________ y dominaron territorios como _____________.

Investiga y completa las oraciones sobre los Mexicas.

Los Mexicas identificaron el lugar donde debían fundar su ciudad cuando encontraron a un __________ devorando una __________.

Ocuparon unos islotes del lago de __________ y nombraron a sus poblaciones: México-_____________ y México-_____________.

Basaban su economía en el cultivo del _______, la _______, y el __________.

Prepararon tierras flotantes para la siembra a las que llamaron ______________.

Sus actividades económicas fueron la __________ y la __________.

Adoraban principalmente al dios ______________ cuyo nombre quiere decir serpiente emplumada.

Las sociedades nahuas se agrupaban en unidades llamadas ______________.

HISTORIA

Conquista de México

Subraya la respuesta correcta.

Fecha en la que Francisco Hernández de Córdoba realizó la primera expedición a América:

1500 1517 1503 1525

La segunda expedición fue realizada por el gobernador de Cuba:

Juan de Grijalva Francisco Hernández de Córdoba Diego Velázquez

En Boca del Río esperaban a los españoles, emisarios de Moctezuma, quienes creían que eran enviados del dios:

Quetzalcóatl Tláloc Cuatlicue

Hernán Cortés fundó en Veracruz el poblado de:

Villa Rica de la Vera Cruz Tula La Nueva España

Obsequian a Cortés una India que habla náhuatl y maya, llamada:

María Iztacíhuatl La Malinche

Los tenochcas al sentirse traicionados por su emperador deciden asesinarlo. Su nombre era:

Moctezuma Cuauhtémoc Huitzilopochtli

Al día en el que Cortés es derrotado por los Mexicas y pierde casi todo el botín, se le llama:

"La noche triste" "El día feliz" "El día sin retorno"

El 13 de agosto de 1521, capturan al último emperador mexica:

Ahuitzol Cuauhtémoc Tenoch Acamapichtli

El imperio Azteca llega a su fin en el año de:

1523 1530 1521 1525

HISTORIA

Independencia de México

Completa la información, uniendo los párrafos.

La Independencia de México inició el 16 de septiembre de 1810

Miguel Hidalgo y Costilla, cura del pueblo de Dolores, alzó la

El cura fue capturado por las fuerzas realistas y

El liderazgo del movimiento pasó a otro sacerdote,

En 1814, Morelos proclamó a México como república

Un año más tarde Morelos y su ejército fueron derrotados

La revolución continuó bajo el liderazgo de Vicente Guerrero,

Iturbide se reunió con Guerrero en 1821 para firmar un acuerdo

El Plan de Iguala, estableció tres garantías:

Iturbide fue obligado a renunciar por parte de la

El Acta de Independencia del Imperio Mexicano fue firmada

ejecutado en Chihuahua en 1811.

independiente de España y abolió la esclavitud.

el 27 de septiembre de 1821.

México sería independiente gobernado por un monarca español; con religión católica y los españoles y criollos tendrían los mismos derechos.

bandera de la rebelión demandando el fin del mal gobierno.

fracción que se oponía a la independencia.

por las fuerzas reales al mando de Agustín de Iturbide.

José María Morelos y Pavón.

y unir fuerzas para llevar a término la independencia.

quien encabezaba un ejército pequeño.

en el estado de Guanajuato.

HISTORIA

México Contemporáneo

Investiga y completa la información faltante.

____________ fue el primer presidente electo después de que se promulgó la Constitución de 1917.

Para cumplir con lo que la revolución había ofrecido, se expropiaron ____________ y se ___________ tierras a los campesinos.

Se fijaron __________ mínimos, __________ de trabajo y condiciones de _____________ en las minas y fábricas.

____________ fue presidente de México de 1924 a 1928 y durante su gobierno se creó el banco central: El Banco de México.

La rebelión cristera, llamada así porque el grito de combate de los alzados era ¡_________________________!

De 1928 a 1934, periodo conocido como el Maximato, hubo tres presidentes: ____.

Durante el periodo presidencial de Lázaro Cárdenas, se crearon los organismos culturales: ____.

Durante el gobierno de _________________________ se creó el Instituto Mexicano del Seguro Social, de Cardiología, Nutrición, y el Hospital Infantil.

__________________ gobernó en la represión del movimiento estudiantil de 1968 y los XIX Juegos Olímpicos.

Presidentes de México

En la siguiente línea del tiempo escribe el nombre de los presidentes dentro de los periodos que les tocó gobernar.

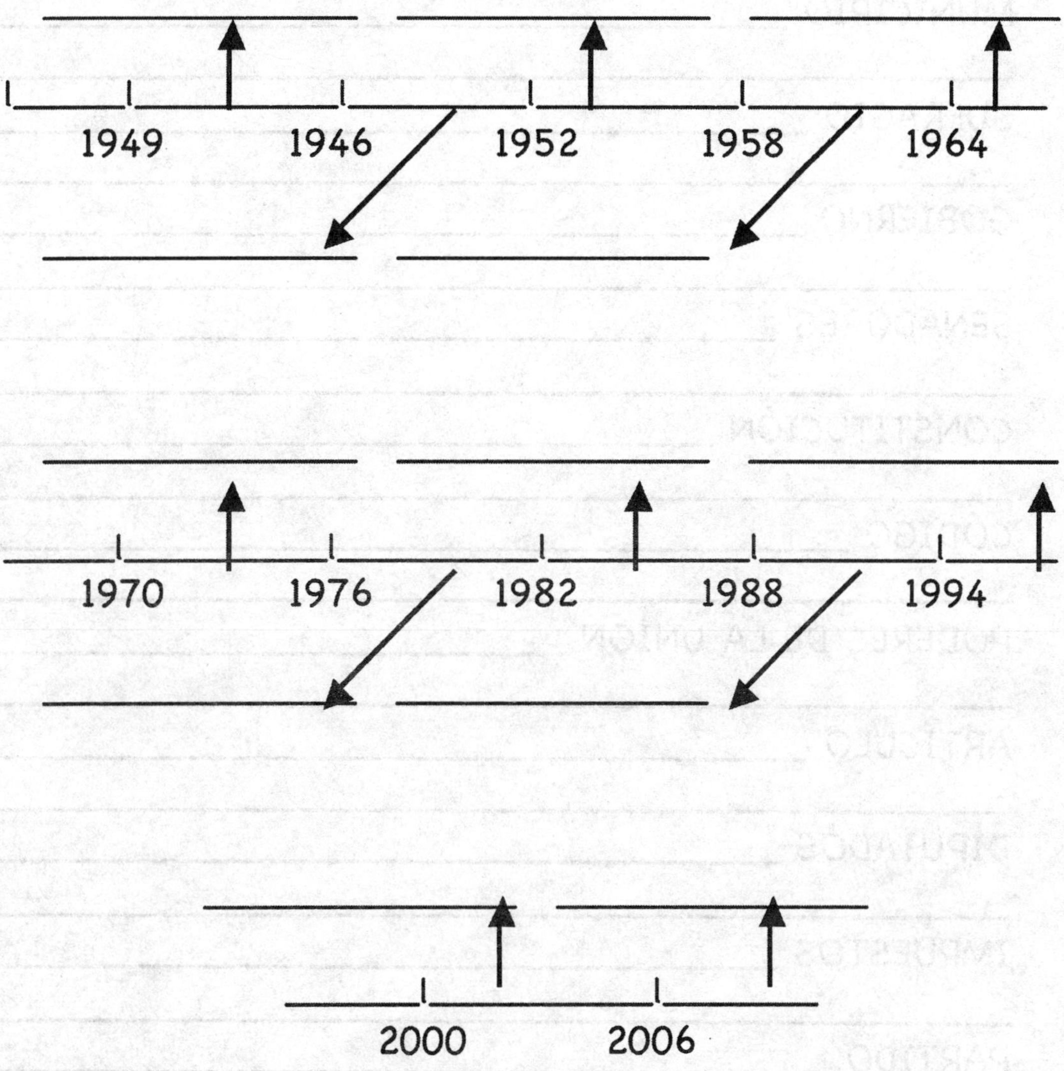

El Gobierno

Busca el significado de las siguientes palabras y escríbelo sobre las líneas.

MUNICIPIO ____

____

SUFRAGIO ____

____

GOBIERNO ____

____

SENADORES ____

____

CONSTITUCIÓN ____

____

CÓDIGO ____

____

PODERES DE LA UNIÓN ____

____

ARTÍCULO ____

____

DIPUTADOS ____

____

IMPUESTOS ____

____

PARTIDO ____

____

DERECHO ____

____

Libertades, Derechos y Obligaciones

Encuentra en la sopa de letras, las palabras que completan las libertades que están a continuación.

I	Y	C	U	L	T	O	N	G	A	U	P	O
A	D	R	G	E	O	K	W	B	S	R	A	M
F	Z	E	A	G	E	L	Y	A	O	T	O	K
H	I	E	A	P	C	Q	U	L	C	E	M	Ñ
L	N	N	Ñ	S	B	S	X	S	I	I	P	R
A	F	C	A	E	M	V	Q	P	A	T	I	T
D	J	I	N	F	O	R	M	A	C	I	Ó	N
T	R	A	N	S	I	T	O	E	I	M	O	H
S	Y	S	I	L	U	T	Y	Ñ	Ó	Z	R	I
T	S	F	X	B	R	W	R	T	N	Q	O	L

Libertad a expresar sus propias ___________.
Libertad de tener nuestras ___________ y ___________ religioso.
Libertad de ___________ para pasear por donde se desee.
Libertad de ___________ para enterarse de lo que sucede en el mundo.
Libertad de ___________ para reunirse con otras personas.

Escribe sobre las líneas algunos derechos y obligaciones.

Derechos	Obligaciones
___________	___________
___________	___________
___________	___________
___________	___________
___________	___________
___________	___________

Los Poderes de la Unión

✎ Escribe las palabras que faltan dentro del crucigrama, completando la información que viene a continuación.

1. ______________: es el encargado de ejecutar y fiscalizar que se cumpla la constitución y cuerpo de leyes del Estado.
2. ______________: estudia y actualiza las leyes.
3. ______________: se encarga de aplicar y hacer cumplir las leyes en caso de su incumplimiento.
4. Los tres ______________: el Legislativo, el Ejecutivo y el Judicial, mantienen el equilibrio del poder.
5. El ______________ de la República ejerce el Poder Ejecutivo y tiene que gobernar de acuerdo con lo que dicen las leyes.
6. El Poder Judicial lo representa la ____________ Corte de Justicia.

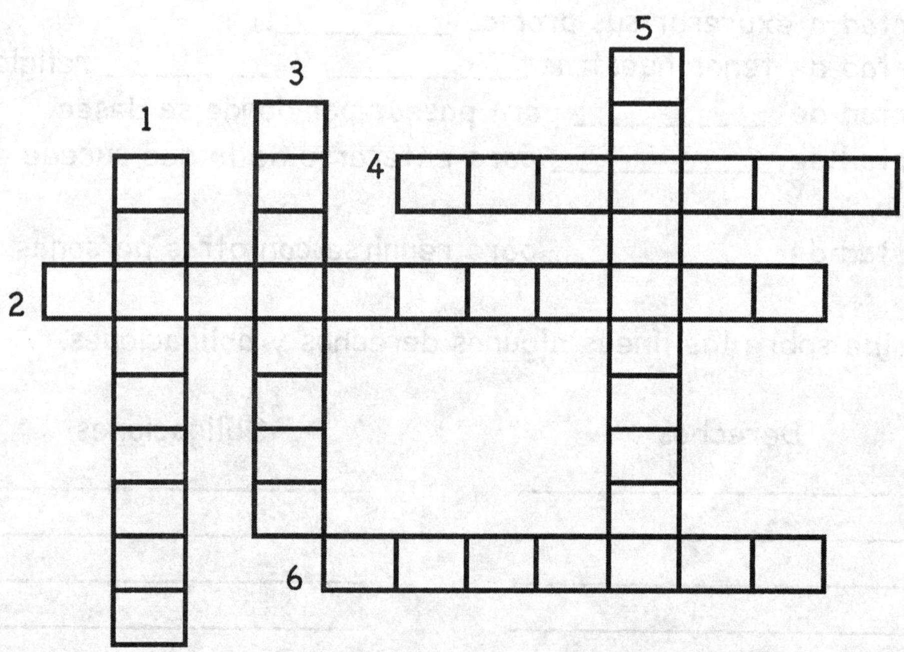

FORMACIÓN CÍVICA Y ÉTICA

El Gobierno y el Congreso

Encuentra dentro del recuadro las palabras que le corresponden a cada definición y escríbelas sobre la línea.

La constitución nos otorga esta protección que sirve para protegernos de los actos de las autoridades que no cumplan con la constitución y nos perjudiquen. ______________________________

Los hombres y mujeres somos iguales ante la ley y estos derechos humanos que otorga la constitución están garantizados para todas las personas.

____

La constitución establece que todos tenemos derecho a recibir educación gratuita y laica. ______________________________

Porque nuestro país está formado por 31 estados independientes y 1 distrito federal que se han unido para integrar una federación. Cada estado tiene su capital y el Distrito Federal es la capital de todo el país.

____

Las entidades federativas son libres y soberanas en todo lo que se refiere a su régimen interior, es decir en aquellos temas que sólo a ellas corresponden.

____

El presidente municipal, varios regidores y un síndico lo conforman y todos ellos son elegidos por votación popular. ______________________________

La capital de México es el Distrito Federal o Ciudad de México; es la sede del gobierno federal, es decir, en ella está el Congreso de la Unión, el Presidente de la República y la Suprema Corte de Justicia.

____

Deben ser aprobadas por las dos terceras partes de los miembros presentes del Congreso de la Unión y por la mayoría de los poderes legislativos de los estados. ______________________________

Gobiernos Estatales	Juicio de Amparo	Artículo 3º
Estados Unidos Mexicanos	Distrito Federal	Ayuntamiento
Reformas a la Constitución	Garantías Individuales	

FORMACIÓN CÍVICA Y ÉTICA

Etnias de México

Une a los distintos grupos étnicos con su estado de procedencia.

Aguascalientes	Purépecha
Jalisco	Otomí
Querétaro	Huasteco
Guanajuato	Nahuatlacas
San Luis Potosí	Ocuilteco
Chihuahua	Tarahumara
Michoacán	Huichol
Estado de México	Chichimeca

Escribe cómo deben ser tratadas las personas que pertenecen a diferentes etnias en nuestro país e ilústralo.

Siglas

Escribe el significado de las siglas que están a continuación.

CURP ____

OEA ____

PRI ____

ONU ____

PGR ____

PRD ____

SHCP ____

IMSS ____

CFE ____

CNA ____

PAN ____

UNAM ____

IFE ____

SSA ____

ISSSTE ____

FORMACIÓN CÍVICA Y ÉTICA

Artículos

Escribe el número del artículo que describe cada párrafo.

Todo individuo tiene derecho a recibir educación, por lo que hace referencia también a la garantía de igualdad y es gratuita para todos. La libertad de creencia, por lo que la escuela es laica, de seguridad jurídica porque el Ejecutivo determinará los planes y programas de estudio.

Artículo: _________

Este artículo constitucional establece en su primer párrafo el reconocimiento de la propiedad privada que la nación puede establecer sobre las tierras y aguas a favor de los particulares. Por lo que es una garantía de propiedad y también señala que "sólo puede ser expropiada la tierra por causa de utilidad pública y mediante indemnización" cayendo en una garantía de seguridad jurídica.

Artículo: _________

Este artículo es de libertad de expresión; al igual que en el artículo anterior nuestra constitución te da la Libertad de escribir y publicar escritos sobre cualquier materia, su condición es el respeto a la moral, a los derechos de terceros y al orden público.

Artículo: _________

Toda persona tiene derecho al trabajo digno y socialmente útil; al efecto, se promoverán la creación de empleos y la organización social para el trabajo, conforme a la ley.

Artículo: _________

En los Estados Unidos Mexicanos, todo individuo gozará de las Garantías que otorga esta Constitución, las cuales no podrán restringirse, ni suspenderse, sino en los casos y con las condiciones que ella misma establece.

Artículo: _________